❖ LE SOUVENIR ❖

FRENCH
Phrasebook and Journal

Alex Chapin
Daniel Franklin

New York Chicago San Francisco Lisbon London Madrid Mexico City
Milan New Delhi San Juan Seoul Singapore Sydney Toronto

The McGraw·Hill Companies

Copyright © 2011 by The McGraw-Hill Companies, Inc. All rights reserved.
Printed in the United States of America. Except as permitted under the United
States Copyright Act of 1976, no part of this publication may be reproduced
or distributed in any form or by any means, or stored in a database or retrieval
system, without the prior written permission of the publisher.

1 2 3 4 5 6 7 8 9 10 11 12 13   QFR/QFR   1 9 8 7 6 5 4 3 2 1

ISBN   978-0-07-175937-3
MHID   0-07-175937-9

Preassigned Control Number   2010943206

Interior design by Village Bookworks, Inc.

Bonus audio phrases online—with *iSpeak*™!
Perfect your pronunciation before your trip by listening to *iSpeak*™ audio
recordings of the 1,200 phrases presented in this book. Spoken by native
French speakers, the phrases are conveniently ordered by page number
for quick and easy access.
Go to *www.audiostudyplayer.com,* launch the Study Player, and then select:
Souvenir Phrasebooks > French > 02 Personal information, etc.

McGraw-Hill books are available at special quantity discounts to use as
premiums and sales promotions or for use in corporate training programs.
To contact a representative, please e-mail us at bulksales@mcgraw-hill.com.

This book is printed on acid-free paper.

Préface

Le Souvenir: French Phrasebook and Journal is an invaluable guide and resource for your trip to France.

This is a **phrasebook**, with hundreds of the most common expressions you will encounter and use. These expressions are organized by topic and placed on left-hand pages facing the journal pages that they relate to. As a bonus, you can hear each expression pronounced by a native speaker in an online audio format; to access the audio, simply follow the instructions on the copyright page to the left.

This is also a **journal**, with page after page of prompts for recording your memorable experiences *en français*. In addition to helping you communicate in real-life situations, the expressions on the left-hand pages can be used to make entries in the journal.

To prepare for your trip, fill in the first section, *Avant le départ* (before departure). Use the expressions in this book and a bilingual dictionary, if necessary, to research, make lists, and enter information that will be important during your trip. You may want to use the *Calendrier du tour* (trip calendar) at the back of the book to plan your day-to-day activities. And be sure to fill in the *Convertisseur de devises* (currency converter) on the inside back cover so that you have a handy guide to prices during your trip.

Chronicle your trip in the second section, *Le voyage*, noting details of your departure, accommodations, meals, excursions, sightseeing, entertainment, and shopping. You may also enter information about friends you've made (pages 85–91), jot down unfamiliar words and expressions that you see on signs or hear in spoken conversation (pages 92–95), and summarize each day's activities in the daily journal on pages 97–111.

When you return home, record the highlights of your trip in the final section, *Après le retour* (upon return). You may enter your expenses in the spreadsheet on pages 116–117—and know that your money was well spent on the adventure of a lifetime, made vivid and unforgettable by the journal you've kept.

Bon voyage!

Table des matières
Contents

Avant mon départ

Le voyage

vii

LILLE
LENS
VALENCIENNES
LE HAVRE   AMIENS   CHARLEVILLE-MÉ
CAEN   ROUEN BEAUVAIS
SAINT-LÔ   CHÂLONS-SUR-MARNE
EVREUX
SAINT-BRIEUC   REIMS STE
PARIS   NANC
BREST   ALENÇON CHARTRES
RENNES   LE MANS   TROYES
CHA
VANNES   LAVAL   ORLÉANS
SAINT-NAZAIRE   ANGERS   BLOIS   AUXERRE
TOURS   DIJON
NANTES   BOURGES
NEVERS
LA ROCHE-SUR-YON   CHÂTEAUROUX
POITIERS   MOULINS   LON
NIORT   MÂCON
LA ROCHELLE   B
LIMOGES   CLERMONT-
ANGOULÊME   FERRAND   LYC
G
PÉRIGUEUX   SAINT ETIENNE
AURILLAC LE PUY   VALE
BORDEAUX   MENDE
CAHORS   RODEZ
AGEN
MONT-DE-MARSAN   MONTAUBAN ALBI   NÎMES AVIG
MONTPELL
BAYONNE TOULOUSE   MAR
PAU   CARCASONNE
PERPIGNAN

Avant
le départ

last name	le nom de famille
first name	le prénom
maiden name	le nom de jeune fille
address	l'adresse
date	la date
date of birth	la date de naissance
place of birth	le lieu de naissance
nationality	la nationalité
occupation	la profession
signature	la signature

Renseignements personnelles
Personal information

Nom
Name

Adresse
Address

Téléphone domicile
Home phone

Cellulaire
Cell phone

Adresse e-mail
E-mail address

Date de naissance
Date of birth

Lieu de naissance
Place of birth

Nationalité
Citizenship

Numéro de passeport
Passport number

⌁ AT THE DOCTOR/HOSPITAL ⌁

Where is the nearest _____?	Où est _____ le/la plus proche?
hospital	l'hôpital
pharmacy	la pharmacie
medical center	le cabinet médical
doctor	le médecin
dentist	le dentiste
I need a doctor who speaks English.	J'ai besoin d'un médecin qui parle anglais.
I have insurance.	Je suis assuré(e).
I'm sick.	Je suis malade.
It hurts.	J'ai mal.
I don't feel well.	Je ne me sens pas bien.
I feel _____.	J'ai _____.
dizzy	le vertige
feverish	de la fièvre
nauseous	envie de vomir
I have pain _____.	J'ai mal _____.
in my chest	dans la poitrine
in my stomach	au ventre
in my back	au dos
in my leg	à la jambe
in my arm	au bras
in my ear	à l'oreille
in my eye	à l'œil
in my head	à la tête
in my foot	au pied
in my neck	au cou
I have pain here.	J'ai mal ici.
I have a toothache.	J'ai mal aux dents.
I've lost _____.	J'ai perdu _____.
my glasses	mes lunettes
my contact lenses	mes lentilles de contact
a filling	un plombage

⌁ AT THE PHARMACY ⌁

I need a new prescription.	Il me faut une nouvelle ordonnance.
My prescription is for _____.	J'ai une ordonnance pour _____.
I have insurance.	Je suis assuré(e).
I need _____.	Il me faut _____.
aspirin	de l'aspirine
a pain reliever	des antalgiques
an antacid	des antiacides
antiseptic	de l'antiseptique
bandages	des bandages
allergy medicine	des antiallergiques

4

Informations d'urgence
Emergency information

Agence de voyages _____
Travel agency

    Contact _____
    Contact

Compagnie d'assurance-maladie _____
Health insurance company

    Contact _____
    Contact

Le parent le plus proche _____
Next of kin

    Contact _____
    Contact

Conditions médicales _____
Medical conditions

_____

Ordonnances _____
Prescriptions

_____

Allergies _____
Allergies

...phe

Paris — Notre-Dame
de Paris — dimanche

Le château de Versailles —
le bassin d'Apollon — ...

Itinéraire
Itinerary

J'aimerais visiter...

Villes
Cities

_____

_____

_____

Musées/expositions
Museums/exhibits

_____

_____

_____

Monuments célèbres
Famous monuments

_____

_____

_____

D'autres sites d'intérêt
Other places of interest

_____

_____

_____

CH · Baipaume · Cambray · RE

Abbeville

Dieppe · Amiens · PICARDIE · Peronne · Oise R · Rocroi

Fecamp · Poix · S.Quentin · Noyon · Han · Sedan

le Havre · Montdidier · Laon · FRANCE · Aisne R · Rethel

Seine R · Beauvais · Soisson · Rheims

Caen · Rouen · Compiegne · Marne R · Chaalon

Gisors · Antoise · Senlis

Lisieux · NORMANDIE · Mantes · S.Denis · Meaux · Chaalon · L

Falaise · Evreux · Ivry · Paris · CHAMPAGNE

Vire · Argentan · Dreux · Versailles · Vitry le Francois

Sées · Verneuil · Dourdan · Melun · Provins · Arcis sur Aube

Alençon · Mortagne · Chartres · Fontainebleau · Joinville

Beaumont · Bellesme · Estampes · Seine R · Troyes

MAINE · Laval · Château-Dun · Nemours · Sens · Chaumont

le Mans · sarthe R · Moutargis

la Fleche · Vendome · ORLEANOIS · Tonnerre · Chatillon

du Loir · Château · Beaugency · Orleans · Auxerre · Nuits

Angers · Blois · Loire R · Briare · Semur · Dijon

Tours · TOURAINE · Romorentin · Aubigny · Clamecy · Saulieu

Saumur · ANJOU · Agnan · Cosne · Sancerre · NIVERNOIS · Beaune

Loches · Bourges · Nevers · Verdun

Thouars · la Haye · BERRI · Charost · S.Pierre le Montier · Autun

Chatelleraut · Chateauroux · S.Amand · Bourbon-Lancy · Chalon

Poitiers · Argenton · Moulins · Charolles

POITOU · Vienne R · la Tremouille · Figeance · BOURBONNOIS · Mâcon

Rochelle · l'Isle · Jourdain · Menduçon · Fiel · Ville

le Dorat · Gueret · Gannat · Roanne

MARCHE · Bourganeuf · Rione · LYONNOIS

ANGOUMOIS · Chabanois · Limoges · S.Leonard · l'Hopital · Lyon

Angoulême · S.Germain · Clermont · Montbrisont · Vie

LIMOSIN · Tulle · Loire · S.Etienne

Boutaville · AUVERGNE · Aix des · S.Mar

Perigueux · Mauriac · Brioude

Brives · S.Flour · le Puy

Aurillac · CEVENNE · Grandrieu

Entraigues · Mende · Privas

Rhodez · Florac · Orange · Uzes

Milhaud · Aldis · Avignon

S.Sever · Vabres · Lodeve · Nismes

COGNE · Lavaur · Castres · Montpellier · P

Auch · GUIENNE · Toulouse · S.Papoul · Pezenas · Beziers · Bouches du R

Dombez · Garonne · Agde · Narbonne

Pamiers · Carcassonne

Faire les valises
Packing

◇ **Passeport/visa**
Passport/visa

◇ **Papiers d'assurance**
Insurance documents

◇ **Permis de conduire**
Driver's license

◇ **Permis de conduire international**
International driving permit

◇ **Cartes de crédit/espèces/chèques de voyage**
Credit cards/cash/traveler's checks

◇ **Cartes routières et guides**
Maps and guidebooks

◇ **Billets/papiers de réservations**
Tickets/reservations

◇ **Adresses postales de la famille/des amis**
Addresses of family/friends

◇ **Vêtements**
Clothing

◇ **Objets de valeur**
Valuables

◇ **Médicaments**
Medicines

◇ **Articles de toilettes**
Toiletries

◇ **Appareils électroniques (portable, téléphone mobile, appareil photo, iPod, liseuse)**
Electronic devices (laptop, cell phone, camera, iPod, e-reader)

~ NUMBERS ~

one	un
two	deux
three	trois
four	quatre
five	cinq
six	six
seven	sept
eight	huit
nine	neuf
ten	dix
eleven	onze
twelve	douze
thirteen	treize
fourteen	quatorze
fifteen	quinze
sixteen	seize
seventeen	dix-sept
eighteen	dix-huit
nineteen	dix-neuf
twenty	vingt
twenty-one	vingt-et-un
twenty-two	vingt-deux
twenty-three	vingt-trois
thirty	trente
forty	quarante
fifty	cinquante
sixty	soixante
seventy	soixante-dix
eighty	quatre-vingts
ninety	quatre-vingt-dix
one hundred	cent
one hundred one	cent un
one hundred two	cent deux
five hundred	cinq cent
one thousand	mille

For individual budget categories, see the following sections:

To enter actual expenses, use the spreadsheet on pages 116–117.

Budget

Unité monétaire du pays _____
Local currency unit

Transport   _____
Transportation

Hébergement   _____
Accommodations

Repas   _____
Meals

Casse-croûtes   _____
Snacks

Tourisme   _____
Sightseeing

Divertissements   _____
Entertainment

Souvenirs   _____
Souvenirs

Pourboires   _____
Tips

~ BASIC CONVERSATION ~

Hello.	Salut.
Good morning.	Bonjour.
Good afternoon.	Bonjour.
Good evening.	Bonsoir.
How are you?	Comment allez-vous?
Fine, thanks.	Bien, merci.
What is your name?	Comment vous appelez-vous?
My name is _____.	Je m'appelle _____.
Pleased to meet you.	Enchanté(e).
Good-bye.	Au revoir.
See you later.	À plus tard.
Yes.	Oui.
No.	Non.
Pardon?	Pardon?
OK.	D'accord.
Excuse me.	Excusez-moi.
Sorry.	Désolé(e).
Please.	S'il vous plaît.
Thank you.	Merci.
You're welcome.	Je vous en prie.
I don't speak French.	Je ne parle pas français.
Do you speak English?	Parlez-vous anglais?
Could you speak more slowly?	Pourriez-vous parler plus lentement?
Could you repeat that?	Pourriez-vous répéter?
I don't understand.	Je ne comprends pas.
I understand a little French.	Je comprends un peu de français.
How do you say _____ in French?	Comment dit on _____ en français?
What's that called in French?	Comment ça s'appelle en français?
Could you write it down?	Pourriez-vous l'écrire?

For expressions to use in introductions, see pages 84 and 86.

Présentations

Introductions

Je m'appelle _____.
My name is

Je viens de _____.
I am from (country)

J'habite _____.
I live in (city, state)

Je voyage avec _____.
I am traveling with

Je suis _____.
I am a/an (profession)

Je m'intéresse à _____
Interests · I'm interested in

_____.

J'aime _____
Music · I like to listen to

_____.

J'aimerais visiter _____
Plans · I would like to see

_____

_____.

LILLE
LENS
VALENCIENNES
LE HAVRE   AMIENS   CHARLEVILLE-M
CAEN   ROUEN   BEAUVAIS
SAINT-LÔ   CHÂLONS-SUR-MAR
EVREUX   REIMS   ST
SAINT-BRIEUC   PARIS   NA
BREST   ALENÇON   CHARTRES   TROYES
RENNES   LE MANS   CH
VANNES   LAVAL   ORLÉANS
SAINT-NAZAIRE   ANGERS   BLOIS   AUXERRE
NANTES   TOURS   DIJO
              BOURGES   NEVERS
LA ROCHE-SUR-YON   CHÂTEAUROUX
        POITIERS   MOULINS   LE
        NIORT   MÂCON
LA ROCHELLE
                    CLERMONT-   LY
        LIMOGES   FERRAND
        ANGOULÊME
                    SAINT ETIENNE   C
        PÉRIGUEUX
                    AURILLAC LE PUY   VA
BORDEAUX   MENDE
        CAHORS   RODEZ
        AGEN   NÎMES   AV
MONT-DE-MARSAN   MONTAUBAN ALBI   MONTPEL
BAYONNE   TOULOUSE   MA
        PAU   CARCASSONNE

        PERPIGNAN

Le voyage

⌁ AT THE AIRPORT ⌁

airport	l'aéroport
ticket	le billet
schedule	l'horaire
flight	le vol
plane	l'avion
seat	la place
luggage	les bagages
passport	le passeport
Where is/are _____?	Où est/sont _____?
check-in	l'enregistrement
the security check	le contrôle de sécurité
the gate	la porte
the baggage claim	la livraison des bagages
the duty-free shops	les magasins hors-taxes
the restrooms	les toilettes
arrivals	les arrivées
departures	les départs

⌁ GOING THROUGH CUSTOMS ⌁

customs	la douane
border	la frontière
baggage control	le contrôle des bagages
Your _____, please.	Votre _____, s'il vous plaît.
passport	passeport
identification	pièce d'identité
What's the purpose of your visit?	Quel est le but de votre visite?
I'm here _____.	Je suis ici _____.
on business	pour affaires
on vacation	en vacances
in transit	en transit
How long are you staying?	Combien de temps restez-vous?
I'm here for _____.	Je suis ici pour _____.
two days	deux jours
three weeks	trois semaines
one month	un mois
I'm traveling _____.	Je voyage _____.
on my own	seul(e)
with my family	avec ma famille
with a group	avec un groupe
Do you have anything to declare?	Avez-vous quelque chose à déclarer?
I have something to declare.	J'ai quelque chose à déclarer.
I have nothing to declare.	Je n'ai rien à déclarer.
It's _____.	C'est _____.
a gift	un cadeau
for personal use	pour mon usage personnel

Le vol
The flight

Je vais de _____ à _____ en avion.
I am flying from ... to ...

Compagnie aérienne _____
Airline

Numéro de vol _____
Flight number

Date _____
Date

Arrivée et douane
Arrival and customs

Aérogare _____
Airport terminal

Je suis ici pour _____.
I am staying here for (duration)

Je suis ici en/pour _____.
I am here for (purpose of visit)

Transport
Transportation

Je fais un voyage de —————————— **à** ——————————.
I am traveling from ... to ...

Je voyage en ———————————————————————.
I am going by (mode of transportation)

Prix du billet ——————————————
Cost of ticket

Expériences ——————————————————————
Experiences

——————————————————————————————————

——————————————————————————————————

Panneaux inconnus
Unfamiliar signs

Évaluation du voyage
Rating the trip

◇	◇	◇	◇	◇
Déroutant	Ennuyeux	Rapide	Lent	Panoramique
Confusing	Boring	Quick	Slow	Scenic

~ ASKING DIRECTIONS ~

Excuse me.	Pardon.
Could you help me?	Pouvez-vous m'aider, s'il vous plaît?
Where is _____?	Où est _____?
I'm looking for _____.	Je cherche _____.
left	à gauche
right	à droite
there	là-bas
here	ici
straight ahead	tout droit
first left	la première à gauche
second right	la deuxième à droite
at the intersection	au carrefour
at the traffic light	aux feux
at the traffic circle	au rond-point
It's near.	C'est près d'ici.
It's far.	C'est loin.
one kilometer	un kilomètre
two kilometers	deux kilomètres
Take _____.	Prenez _____.
the bus	le bus
the train	le train
the subway	le métro
the taxi	le taxi

Transport
Transportation

Je fais un voyage de ———————— à ——————.
I am traveling from … to …

Je voyage en ————————————————.
I am going by (mode of transportation)

Prix du billet ————————————
Cost of ticket

Expériences ————————————————————
Experiences

_____

_____

Panneaux inconnus
Unfamiliar signs

Évaluation du voyage
Rating the trip

◇	◇	◇	◇	◇
Déroutant	Ennuyeux	Rapide	Lent	Panoramique
Confusing	Boring	Quick	Slow	Scenic

~ TICKETS ~

Where can I buy a ticket?	Où est-ce que je peux acheter un billet?
I want to go to Provence.	Je voudrais aller en Provence.
I would like _____.	Je voudrais _____.
a one-way ticket	un aller simple
a round-trip ticket	un aller et retour
a day ticket	un billet pour une journée
a weekly ticket	un billet pour une semaine
a monthly ticket	un billet pour un mois
an e-ticket	un billet électronique
How much is it?	C'est combien?
How long is it valid for?	Il est valable combien de temps?
Can it be refunded?	Est-ce qu'il est remboursable?
Can it be transferred?	Est-ce qu'il peut être transféré?
Put me on standby.	Mettez-moi sur la liste d'attente.

Transport
Transportation

Je fais un voyage de _____ à _____ .
I am traveling from ... to ...

Je voyage en _____ .
I am going by (mode of transportation)

Prix du billet _____
Cost of ticket

Expériences _____
Experiences

_____

_____

Panneaux inconnus
Unfamiliar signs

Évaluation du voyage
Rating the trip

◇	◇	◇	◇	◇
Déroutant	Ennuyeux	Rapide	Lent	Panoramique
Confusing	Boring	Quick	Slow	Scenic

~ TRAIN/SUBWAY ~

Where is the train station?	Où est la gare?
Where is the metro (subway) station?	Où est la station de métro?
Where does _____ leave from?	D'où part _____?
the train for Lyon	le train pour Lyon
What time does _____?	À quelle heure _____?
the train leave for Paris	part le train pour Paris
the train arrive from Montreal	arrive le train de Montréal
What station is this?	C'est quelle station?
What's the next station?	Quelle est la prochaine station?
This is your stop.	Voici votre arrêt.
Is this the train for Marseille?	C'est bien le train pour Marseille?
Where is _____?	Où est _____?
the entrance	l'entrée
the exit	la sortie
the information desk	le bureau des renseignements
the ticket counter	le guichet
the platform	le quai

~ BUS ~

Where is _____?	Où est _____?
the bus station	la gare routière
the bus stop	l'arrêt d'autobus
the next bus to Nice	le prochain bus pour Nice
Is this _____?	Est-ce que c'est bien _____?
the bus to Bordeaux	le bus pour Bordeaux
the center of town	le centre-ville
Can I reserve a seat?	Est-ce que je peux réserver une place?
How much is it?	C'est combien?

Transport
Transportation

Je fais un voyage de _____ à _____.
I am traveling from … to …

Je voyage en _____.
I am going by (mode of transportation)

Prix du billet _____
Cost of ticket

Expériences _____
Experiences

_____

_____

Panneaux inconnus
Unfamiliar signs

Évaluation du voyage
Rating the trip

◇	◇	◇	◇	◇
Déroutant	Ennuyeux	Rapide	Lent	Panoramique
Confusing	Boring	Quick	Slow	Scenic

⊰ DRIVING BASICS ⊱

car	la voiture
gasoline	l'essence
gas station	la station d'essence
oil	l'huile
car with automatic transmission	la voiture à boîte automatique
car with manual transmission	la voiture à boîte manuelle
road	la route
map	la carte
intersection	le croisement
traffic light	les feux

⊰ CAR RENTAL ⊱

Where can I rent a car?	Où est-ce que je peux louer une voiture?
I need a car _____.	Il me faut une voiture _____.
for one day	pour un jour
for five days	pour cinq jours
for a week	pour une semaine
with two doors	à deux portières
with four doors	à quatre portières
with air-conditioning	avec climatisation
with four-wheel drive	à quatre roues motrices
with automatic transmission	avec boîte automatique
Can you write down _____?	Pouvez-vous m'écrire _____?
the daily charge	le coût du forfait journalier
the charge per kilometer	le coût par kilomètre
the cost of insurance	le coût de l'assurance
the deposit to pay	les arrhes à verser

⊰ CAR MAINTENANCE ⊱

Where is there _____?	Où est-ce qu'il y a _____?
a gas station	une station d'essence
parking	un parking
Where is the nearest garage?	Où est le garage le plus proche?
Fill it up, please.	Le plein, s'il vous plaît.
Eight liters of _____.	Huit litres de _____.
Ten euros of _____.	Dix euros de _____.
unleaded	sans plomb
premium	sans plomb 97
diesel	gazole
Will you check _____?	Pouvez-vous vérifier _____?
the battery	la batterie
the oil	l'huile
the radiator	le radiateur

Location de voiture
Car rental

Agence de location ———————————
Rental agency

Adresse ———————————
Address

Marque de la voiture ———————————
Make of car

Numéro d'immatriculation ———————————
License plate number

Numéro de police d'assurance ———————————
Insurance policy number

Lieu de départ ———————————
Pick-up location

Date et heure de départ ———————————
Pick-up date and time

Lieu de retour ———————————
Drop-off location

Date et heure de retour ———————————
Drop-off date and time

Nombre de jours ———————————
Rental duration

Kilométrage au départ ———————————
Beginning odometer reading

Kilométrage au retour ———————————
Ending odometer reading

Téléphone en cas de panne ———————————
Telephone number to call in case of breakdown

~ CAR PROBLEMS ~

I am out of gas.	Je n'ai plus d'essence.
My car won't start.	Ma voiture ne veut pas démarrer.
The battery is dead.	La batterie est à plat.
I have a flat.	J'ai une crevaison.
I have had an accident.	J'ai eu un accident.
I lost my keys.	J'ai perdu mes clés.
My car is three kilometers away.	Ma voiture est à trois kilomètres.
Can you help me?	Pouvez-vous m'aider?
Do you repair cars?	Est-ce que vous réparez les voitures?
Can you _____?	Pouvez-vous _____?
repair it	la réparer
come and look	venir voir
give me an estimate	me faire un devis
write it down	l'écrire
How long will it take?	Ça prendra combien de temps?
When will it be ready?	Quand est-ce qu'elle sera prête?

~ EMERGENCIES ~

Help!	Au secours!
It's an emergency!	C'est une urgence!
Call _____!	Appelez _____!
the police	la police
an ambulance	une ambulance
a doctor	un médecin
I've been hurt.	J'ai été blessé(e).
Where is _____?	Où est _____?
the hospital	l'hôpital
the police station	le commissariat

Accident/panne
Accident/breakdown

Lieu
Location

Date et heure
Date and time

Expérience
Experience

~ BASIC ACCOMMODATIONS ~

room	la chambre
reservation	la réservation
to reserve	réserver
hotel	l'hôtel
vacancies	la place
youth hostel	l'auberge de jeunesse
single room	la chambre à un lit
double room	la chambre double
bath	le bain
bathroom	la salle de bain
shower	la douche
bed-and-breakfast	la chambre d'hôte
key	la clé
night	la nuit
week	la semaine
breakfast	le petit déjeuner

~ FINDING ACCOMMODATIONS ~

Where is there _____?	Où y a-t-il _____?
a hotel	un hôtel
a youth hostel	une auberge de jeunesse
a bed-and-breakfast	une chambre d'hôte
a campground	un camping
Can you recommend something _____?	Pouvez-vous me recommander quelque chose _____?
inexpensive	de peu cher
quiet	de calme
nearby	près d'ici
near the town center	près du centre-ville
What is the address?	Quelle est l'adresse?
How do I get there?	Pouvez-vous m'expliquer comment y aller?

Hébergement
Accommodations

Nom de l'hôtel _____
Name of hotel

Adresse _____
Address

Numéro de réservation _____
Reservation number

Pour _____ nuit(s)
Duration of stay (in nights)

Prix par nuit _____
Cost per night

Date d'arrivée _____
Check-in date

Date de départ _____
Check-out date

Type de logement _____
Type of accommodations

Aspects positifs _____
Positive features

Aspects négatifs _____
Negative features

Évaluation de l'hôtel
Rating the hotel

◇	◇	◇	◇	◇
Crasseux	Sale	OK	Propre	Impeccable
Filthy	Dirty	OK	Clean	Spotless

◇	◇	◇	◇	◇
Très bruyant	Bruyant	OK	Calme	Paisible
Very noisy	Noisy	OK	Quiet	Peaceful

~ RESERVATIONS ~

I have a reservation.	J'ai réservé.
I have made an online reservation.	J'ai réservé par Internet.
confirmation number	le numéro de confirmation
My name is _____.	Je m'appelle _____.
Do you have any vacancies?	Avez-vous de la place?
Can I reserve a room?	Est-ce que je peux réserver une chambre?
Sorry, we're full.	Désolé(e), c'est complet.
It's for _____.	C'est pour _____.
one person	une personne
two people	deux personnes
one night	une nuit
two nights	deux nuits
one week	une semaine
two weeks	deux semaines
I would like _____.	Je voudrais _____.
a room	une chambre
two rooms	deux chambres
a single room	une chambre à un lit
a double room	une chambre double
I would like a room _____.	Je voudrais une chambre _____.
with a single bed	à un lit
with a double bed	avec un lit pour deux personnes
with a bath	avec bain
with a shower	avec douche
with a cot	avec lit pour bébé
with a toilet	avec WC
with a TV	avec télévision
with an Internet connection	avec connection Internet
with a telephone	avec téléphone
with air-conditioning	climatisée
I would like _____.	Je voudrais _____.
full board	la pension complète
bed-and-breakfast	la chambre et le petit déjeuner

Hébergement
Accommodations

Nom de l'hôtel ――――――――――――――――――
Name of hotel

Adresse ――――――――――――――――――――
Address

Numéro de réservation ――――――――――――
Reservation number

Pour ―――― nuit(s)
Duration of stay (in nights)

Prix par nuit ――――――――――――
Cost per night

Date d'arrivée ――――――――――――
Check-in date

Date de départ ――――――――――――
Check-out date

Type de logement ――――――――――――――
Type of accommodations

Aspects positifs ―――――――――――――――
Positive features

Aspects négatifs ―――――――――――――――
Negative features

Évaluation de l'hôtel
Rating the hotel

◇	◇	◇	◇	◇
Crasseux	Sale	OK	Propre	Impeccable
Filthy	Dirty	OK	Clean	Spotless
◇	◇	◇	◇	◇
Très bruyant	Bruyant	OK	Calme	Paisible
Very noisy	Noisy	OK	Quiet	Peaceful

~(CHECKING IN)~

I have a reservation.	J'ai réservé.
My name is _____.	Je m'appelle _____.
How much is it _____?	C'est combien _____?
per night	par nuit
per week	par semaine
per person	par personne
for half board	pour la demi-pension
Does the price include _____?	Le prix comprend _____?
breakfast	le petit déjeuner
service and tax	le service et les taxes
Could you write it down?	Pouvez-vous l'écrire?
May I see the room?	Est-ce que je peux voir la chambre?
Do you have anything _____?	Avez-vous quelque chose de _____?
bigger	plus grand
less expensive	moins cher
quieter	plus calme
warmer	plus chaud
Do you have a room in the front?	Avez-vous une chambre sur le devant?
Do you have a room in the back?	Avez-vous une chambre sur l'arrière?
OK, I'll take it.	D'accord, je la prends.
I won't take it.	Je ne la prends pas.

Hébergement
Accommodations

Nom de l'hôtel
Name of hotel

Adresse
Address

Numéro de réservation
Reservation number

Pour _____ nuit(s)
Duration of stay (in nights)

Prix par nuit
Cost per night

Date d'arrivée
Check-in date

Date de départ
Check-out date

Type de logement
Type of accommodations

Aspects positifs
Positive features

Aspects négatifs
Negative features

Évaluation de l'hôtel
Rating the hotel

◇	◇	◇	◇	◇
Crasseux	Sale	OK	Propre	Impeccable
Filthy	Dirty	OK	Clean	Spotless

◇	◇	◇	◇	◇
Très bruyant	Bruyant	OK	Calme	Paisible
Very noisy	Noisy	OK	Quiet	Peaceful

~ AMENITIES AND SERVICE ~

May I have _____?	Est-ce que je pourrais avoir _____?
another blanket	une couverture supplémentaire
another pillow	un oreiller supplémentaire
some soap	du savon
a towel	une serviette
Where is _____?	Où est _____?
the dining room	le restaurant
the bar	le bar
Where are the restrooms?	Où sont les toilettes?
Please, can you _____?	Pouvez-vous _____, s'il vous plaît?
do this laundry	faire nettoyer ceci
call me at seven o'clock	me réveiller à sept heures
help me with my luggage	m'aider à porter mes bagages
Can I use _____?	Est-ce que je peux utiliser _____?
the kitchen	la cuisine
the laundry	la laverie
the telephone	le téléphone
Who is it?	Qui est-ce?
Just a moment.	Un instant, s'il vous plaît.
Come in.	Entrez.
Please come back later.	Revenez plus tard, s'il vous plaît.

~ PROBLEMS ~

_____ doesn't work.	_____ ne marche(nt) pas.
The air-conditioning	La climatisation
The fan	Le ventilateur
The toilet	Les toilettes
The window	La fenêtre
The heat	Le chauffage
The lamp	La lampe
The lock	La serrure
The key	La clé
I've lost my key.	J'ai perdu ma clé.
The bed is not made up.	Le lit n'a pas été fait.
The room is _____.	La chambre _____.
dirty	est sale
smelly	ne sent pas bon
too noisy	est trop bruyante
It's too hot in the room.	Il fait trop chaud dans la chambre.
It's too cold in the room.	Il fait trop froid dans la chambre.
The bill is not correct.	Il y a une erreur sur l'addition.

Hébergement
Accommodations

Nom de l'hôtel —————————————————
Name of hotel

Adresse —————————————————
Address

Numéro de réservation —————————————————
Reservation number

Pour ——— nuit(s)
Duration of stay (in nights)

Prix par nuit —————————————————
Cost per night

Date d'arrivée —————————————————
Check-in date

Date de départ —————————————————
Check-out date

Type de logement —————————————————
Type of accommodations

Aspects positifs —————————————————
Positive features

Aspects négatifs —————————————————
Negative features

Évaluation de l'hôtel
Rating the hotel

◇	◇	◇	◇	◇
Crasseux	Sale	OK	Propre	Impeccable
Filthy	Dirty	OK	Clean	Spotless

◇	◇	◇	◇	◇
Très bruyant	Bruyant	OK	Calme	Paisible
Very noisy	Noisy	OK	Quiet	Peaceful

⌇ EATING OUT ⌇

food	la nourriture
beverage	la boisson
breakfast	le petit déjeuner
lunch	le déjeuner
dinner	le dîner
snack	le casse-croûte
appetizer	l'amuse-gueule
entrée	l'entrée
side dish	la garniture
dessert	le dessert
café	le café
bar	le bar
restaurant	le restaurant
waiter	le serveur
waitress	la serveuse
I would like _____.	Je voudrais _____.
menu	le menu
meat	la viande
fish	le poisson
vegetables	les légumes
fruit	les fruits
wine	le vin
beer	la bière

⌇ RESERVATIONS ⌇

Can you recommend _____?	Pouvez-vous me recommander _____?
a restaurant	un restaurant
a café	un café
a traditional restaurant	un restaurant traditionnel
a vegetarian restaurant	un restaurant végétarien
an inexpensive restaurant	un restaurant peu cher
a nearby restaurant	un restaurant près d'ici
I would like to reserve a table _____.	Je voudrais réserver une table _____.
for two	pour deux
at eight o'clock	à vingt heures
for this evening	pour ce soir
for tomorrow evening	pour demain soir
We have no tables.	Nous sommes complets.
Sorry, we're closed.	Je regrette, nous sommes fermés.
One moment, please.	Un instant, s'il vous plaît.
I have reserved a table.	J'ai réservé une table.
For what time?	Pour quelle heure?
What's the name?	C'est à quel nom?
The name is _____.	C'est au nom de _____.
Smoking or nonsmoking?	Fumeur ou non fumeur?

Manger au restaurant

Eating out

Nom _____
Name

Adresse _____
Address

Date et heure _____
Date and time

Type de restaurant et d'ambiance _____
Restaurant type and atmosphere

Repas _____
Meal

Plat préféré _____
Favorite dish

Boisson préférée _____
Favorite drink

Prix _____
Cost

Panneaux et éléments de menu inconnus _____
Unfamiliar signs and menu items

_____

Évaluation du repas
Rating the food

◇	◇	◇	◇	◇
Immangeable	Fade	Moyen	Savoureux	Délicieux
Inedible	Bland	Average	Flavorful	Delicious

Évaluation du service
Rating the service

◇	◇	◇	◇	◇
Déplorable	Décevant	OK	Bon	Excellent
Awful	Disappointing	OK	Good	Excellent

Éventail de prix
Price range

◇	◇	◇	◇
Pas cher	Moyen	Cher	Très cher
Inexpensive	Moderate	Expensive	Very expensive

~ ORDERING ~

Waiter!	Garçon!
Waitress!	Mademoiselle!
I would like _____.	Je voudrais _____.
We would like _____.	Nous voudrions _____.
the menu	la carte
the tourist menu	le menu touristique
the fixed-price menu	le menu à prix fixe
the wine list	la carte des vins
the drinks list	la carte des boissons
a menu in English	un menu en anglais
Are you ready to order?	Vous avez choisi?
Can you recommend _____?	Pouvez-vous nous conseiller _____?
an appetizer	un amuse-gueule
an entrée	une entrée
a local dish	un plat régional
a wine	un vin
a dessert	un dessert
I'll have that.	Je prends ça.
I'm vegetarian.	Je suis végétarien(ne).
I'm allergic to _____.	Je suis allergique au(x) _____.
MSG	monoglutamate de sodium
shellfish	coquillages
seafood	fruits de mer
nuts	noix
dairy products	produits laitiers
I would like _____ on the side.	Je voudrais _____ en plus.
dressing	de la sauce vinaigrette
sauce	de la sauce
butter	du beurre
What would you like to drink?	Qu'est-ce que vous désirez boire?
I would like _____.	Je voudrais _____.
a glass of wine	un verre de vin
a beer	une bière
coffee	un café
tea	un thé
fruit juice	un jus de fruit
mineral water	une eau minérale

Manger au restaurant

Nom
Name

Adresse
Address

Date et heure
Date and time

Type de restaurant et d'ambiance
Restaurant type and atmosphere

Repas
Meal

Plat préféré
Favorite dish

Boisson préférée
Favorite drink

Prix
Cost

Panneaux et éléments de menu inconnus
Unfamiliar signs and menu items

Évaluation du repas
Rating the food

◇	◇	◇	◇	◇
Immangeable	Fade	Moyen	Savoureux	Délicieux
Inedible	Bland	Average	Flavorful	Delicious

Évaluation du service
Rating the service

◇	◇	◇	◇	◇
Déplorable	Décevant	OK	Bon	Excellent
Awful	Disappointing	OK	Good	Excellent

Éventail de prix
Price range

◇	◇	◇	◇
Pas cher	Moyen	Cher	Très cher
Inexpensive	Moderate	Expensive	Very expensive

⤙ SERVICE ⤚

Waiter!	Garçon!
Waitress!	Mademoiselle!
I would like _____, please.	Je voudrais _____, s'il vous plaît.
some more bread	un peu plus de pain
some more wine	un peu plus de vin
some more water	un peu plus d'eau
some oil	un peu d'huile
some pepper	un peu de poivre
some salt	un peu de sel
That's for me.	C'est pour moi.
What's that?	Qu'est-ce que c'est?
I don't have a _____.	Je n'ai pas de _____.
knife	couteau
fork	fourchette
spoon	cuillère
How much longer?	Il y en a encore pour combien de temps?
I love this dish.	J'adore ce plat.
That was delicious.	C'était délicieux.
This meat _____.	Cette viande _____.
is overdone	est trop cuite
is underdone	n'est pas assez cuite
This food is cold.	La nourriture est froide.
That's not what I ordered.	Ce n'est pas ce que j'ai commandé.
I wanted _____.	Je voulais _____.
Where are the restrooms?	Où sont les toilettes?
The bill, please.	L'addition, s'il vous plaît.
How much is it?	C'est combien?
Is service included?	Est-ce que le service est compris?
It's all together.	Tout ensemble, s'il vous plaît.
We'd like to pay separately.	Nous voudrions payer séparément.
I think there's a mistake.	Je crois qu'il y a une erreur.
Do you take _____?	Acceptez-vous _____?
credit cards	les cartes de crédit
traveler's checks	les chèques de voyage
American money	les devises américaines
Can I have a receipt?	Est-ce que je peux avoir un reçu?

Manger au restaurant

Eating out

Nom _____
Name

Adresse _____
Address

Date et heure _____
Date and time

Type de restaurant et d'ambiance _____
Restaurant type and atmosphere

Repas _____
Meal

Plat préféré _____
Favorite dish

Boisson préférée _____
Favorite drink

Prix _____
Cost

Panneaux et éléments de menu inconnus _____
Unfamiliar signs and menu items

_____

Évaluation du repas
Rating the food

◇	◇	◇	◇	◇
Immangeable	Fade	Moyen	Savoureux	Délicieux
Inedible	Bland	Average	Flavorful	Delicious

Évaluation du service
Rating the service

◇	◇	◇	◇	◇
Déplorable	Décevant	OK	Bon	Excellent
Awful	Disappointing	OK	Good	Excellent

Éventail de prix
Price range

◇	◇	◇	◇
Pas cher	Moyen	Cher	Très cher
Inexpensive	Moderate	Expensive	Very expensive

~ BEVERAGES ~

milk	le lait
fruit juice	le jus de fruit
coffee	le café
tea	le thé
red wine	le vin rouge
white wine	le vin blanc
sparkling wine	le vin pétillant
a bottle of wine	une bouteille de vin
a glass of wine	un verre de vin
a carafe of wine	une carafe de vin
beer	la bière
light beer	la bière blonde
dark beer	la bière brune
local beer	la bière de la région
water	l'eau
mineral water	l'eau minérale
vodka	la vodka
rum	le rhum
sherry	le sherry
whisky	le whisky
gin	le gin

~ MEAT, POULTRY, AND FISH ~

meat	la viande
free-range	fermier
beef	le bœuf
lamb	l'agneau
veal	le veau
steak	le steak
ham	le jambon
bacon	le bacon
sausage	la saucisse
rabbit	le lapin
poultry	la volaille
chicken	le poulet
turkey	la dinde
duck	le canard
seafood	les fruits de mer
salmon	le saumon
shrimp	la crevette
tuna	le thon
swordfish	l'espadon
lobster	le homard
sea bass	le bar
trout	la truite

Manger au restaurant

Nom _____
Name

Adresse _____
Address

Date et heure _____
Date and time

Type de restaurant et d'ambiance _____
Restaurant type and atmosphere

Repas _____
Meal

Plat préféré _____
Favorite dish

Boisson préférée _____
Favorite drink

Prix _____
Cost

Panneaux et éléments de menu inconnus _____
Unfamiliar signs and menu items

_____

Évaluation du repas
Rating the food

◇	◇	◇	◇	◇
Immangeable	Fade	Moyen	Savoureux	Délicieux
Inedible	Bland	Average	Flavorful	Delicious

Évaluation du service
Rating the service

◇	◇	◇	◇	◇
Déplorable	Décevant	OK	Bon	Excellent
Awful	Disappointing	OK	Good	Excellent

Éventail de prix
Price range

◇	◇	◇	◇
Pas cher	Moyen	Cher	Très cher
Inexpensive	Moderate	Expensive	Very expensive

~ VEGETABLES AND GRAINS ~

vegetables	les légumes
organic	biologique
potatoes	les pommes de terre
eggplant	l'aubergine
mushrooms	les champignons
onions	les oignons
carrots	les carottes
tomatoes	les tomates
peppers	les poivrons
cabbage	le chou
peas	les petits pois
green beans	les haricots verts
broccoli	le broccoli
squash	la courge
cucumber	le concombre
salad	les crudités
lettuce	la laitue
rice	le riz
garlic	l'aïl

~ FRUIT AND DAIRY ~

fruit	le fruit
apples	les pommes
oranges	les oranges
grapefruit	le pamplemousse
bananas	les bananes
grapes	le raisin
strawberries	les fraises
cherries	les cerises
peaches	les pêches
plums	les prunes
melon	le melon
dairy products	les produits laitiers
milk	le lait
cheese	le fromage
ice cream	la glace

~ PREPARATION METHODS ~

fresh	frais	roasted	rôti
cooked	cuit	smoked	fumé
very rare	bleu	sautéed	sauté
rare	saignant	baked	cuit au four
medium rare	légèrement saignant	boiled	bouilli
medium	à point	fried	frit
well-done	bien cuit	steamed	à la vapeur
grilled	grillé	breaded	en chapelure

Manger au restaurant
Eating out

Nom _____
Name

Adresse _____
Address

Date et heure _____
Date and time

Type de restaurant et d'ambiance _____
Restaurant type and atmosphere

Repas _____
Meal

Plat préféré _____
Favorite dish

Boisson préférée _____
Favorite drink

Prix _____
Cost

Panneaux et éléments de menu inconnus _____
Unfamiliar signs and menu items

_____

Évaluation du repas
Rating the food

◇ | ◇ | ◇ | ◇ | ◇
Immangeable | **Fade** | **Moyen** | **Savoureux** | **Délicieux**
Inedible | Bland | Average | Flavorful | Delicious

Évaluation du service
Rating the service

◇ | ◇ | ◇ | ◇ | ◇
Déplorable | **Décevant** | **OK** | **Bon** | **Excellent**
Awful | Disappointing | OK | Good | Excellent

Éventail de prix
Price range

◇ | ◇ | ◇ | ◇
Pas cher | **Moyen** | **Cher** | **Très cher**
Inexpensive | Moderate | Expensive | Very expensive

D'autres expériences culinaires

Other culinary experiences

◯ Le manger
Food

Nom du restaurant _____
Name of restaurant

Adresse _____
Address

Date _____
Date

Plats principaux _____
Main dishes

_____ **Évaluation** ↑ ↓
Rating

◯ Le boire
Drink

Nom du restaurant/bar _____
Name of restaurant/bar

Adresse _____
Address

Date _____
Date

Boissons _____
Beverages

_____ **Évaluation** ↑ ↓
Rating

〰 Le manger
Food

Nom du restaurant _____
Name of restaurant

Adresse _____
Address

Date _____
Date

Plats principaux _____
Main dishes

_____ Évaluation ↑ ↓
Rating

〰 Le boire
Drink

Nom du restaurant/bar _____
Name of restaurant/bar

Adresse _____
Address

Date _____
Date

Boissons _____
Beverages

_____ Évaluation ↑ ↓
Rating

D'autres expériences culinaires
Other culinary experiences

✏ Le manger
Food

Nom du restaurant _____
Name of restaurant

Adresse _____
Address

Date _____
Date

Plats principaux _____
Main dishes

_____ **Évaluation** ↑ ↓
Rating

✏ Le boire
Drink

Nom du restaurant/bar _____
Name of restaurant/bar

Adresse _____
Address

Date _____
Date

Boissons _____
Beverages

_____ **Évaluation** ↑ ↓
Rating

🖋 Le manger
Food

Nom du restaurant _____
Name of restaurant

Adresse _____
Address

Date _____
Date

Plats principaux _____
Main dishes

_____ Évaluation ↑ ↓
Rating

🖋 Le boire
Drink

Nom du restaurant/bar _____
Name of restaurant/bar

Adresse _____
Address

Date _____
Date

Boissons _____
Beverages

_____ Évaluation ↑ ↓
Rating

D'autres expériences culinaires
Other culinary experiences

Le manger
Food

Nom du restaurant
Name of restaurant

Adresse
Address

Date
Date

Plats principaux
Main dishes

_____ Évaluation ↑ ↓
Rating

Le boire
Drink

Nom du restaurant/bar
Name of restaurant/bar

Adresse
Address

Date
Date

Boissons
Beverages

_____ Évaluation ↑ ↓
Rating

❧ Le manger
Food

Nom du restaurant _____
Name of restaurant

Adresse _____
Address

Date _____
Date

Plats principaux _____
Main dishes

_____ Évaluation ↑ ↓
Rating

❧ Le boire
Drink

Nom du restaurant/bar _____
Name of restaurant/bar

Adresse _____
Address

Date _____
Date

Boissons _____
Beverages

_____ Évaluation ↑ ↓
Rating

Lavaux, Su...
vignobles — lu...

Lyon — la fontaine Bartholdi,
place des Terreaux — mardi

Marseille — la cathédrale
de la Major — mercredi

Tourisme
Sightseeing

Nom de l'attraction _____
Name of attraction

Endroit _____
Location

Date _____
Date

Site web _____
Website

Brochure _____
Brochure

Souvenir _____
Souvenir

Remarques _____
Comments

_____

_____

Évaluation de l'attraction
Rating the attraction

◇	◇	◇	◇	◇
Une perte de temps	Sans intérêt	OK	Intéressante	À me couper le souffle
A waste of time	Uninteresting	OK	Interesting	Breathtaking

Évaluation du guide touristique
Rating the tour guide

◇	◇	◇	◇	◇
Impoli	Peu préparé	OK	Bien informé	Exceptionnel
Rude	Unprepared	OK	Well-informed	Exceptional

classical music	la musique classique
art	l'art
modern dance	la danse moderne
pop music	la musique pop
sports	les sports
museum	le musée
cinema	le cinéma
art gallery	le musée d'art
concert hall	la salle de concert
theater	le théâtre
nightclub	la boîte de nuit
opera	l'opéra
ballet	le ballet
movie	le film
stadium	le stade
park	le parc
garden	le jardin
zoo	le zoo
beach	la plage
swimming pool	la piscine
boat	le bateau
tennis	le tennis
golf	le golf
skiing	le ski
skating	le patinage
swimming	la natation
circus	le cirque
festival	le festival

Tourisme
Sightseeing

Nom de l'attraction
Name of attraction

Endroit
Location

Date
Date

Site web
Website

Brochure
Brochure

Souvenir
Souvenir

Remarques
Comments

Évaluation de l'attraction
Rating the attraction

◇	◇	◇	◇	◇
Une perte de temps	Sans intérêt	OK	Intéressante	À me couper le souffle
A waste of time	Uninteresting	OK	Interesting	Breathtaking

Évaluation du guide touristique
Rating the tour guide

◇	◇	◇	◇	◇
Impoli	Peu préparé	OK	Bien informé	Exceptionnel
Rude	Unprepared	OK	Well-informed	Exceptional

~ ASKING FOR SUGGESTIONS ~

Where can we go?	Où pouvons-nous aller?
What's there to do?	Qu'est-ce qu'il y a à faire?
I want to go to _____.	Je voudrais aller _____.
see a ballet	voir un ballet
a concert	à un concert
a party	à une fête
the theater	au théâtre
What's happening _____?	Qu'est-ce qui se passe _____?
locally	près d'ici
over the weekend	le week-end
today	aujourd'hui
tonight	ce soir
Can you recommend _____?	Pouvez-vous me recommander _____?
a museum	un musée
a concert	un concert
a play	une pièce de théâtre
a movie	un film
Is there a local entertainment guide?	Est-ce qu'il y a un guide local des spectacles?
Where are there _____?	Où y a-t-il _____?
places to eat	des restaurants
bars	des bars
nightclubs	des boîtes de nuit
theaters	des théâtres

Tourisme
Sightseeing

Nom de l'attraction _____
Name of attraction

Endroit _____
Location

Date _____
Date

Site web _____
Website

Brochure _____
Brochure

Souvenir _____
Souvenir

Remarques _____
Comments

_____

_____

Évaluation de l'attraction
Rating the attraction

◇	◇	◇	◇	◇
Une perte de temps	Sans intérêt	OK	Intéressante	À me couper le souffle
A waste of time	Uninteresting	OK	Interesting	Breathtaking

Évaluation du guide touristique
Rating the tour guide

◇	◇	◇	◇	◇
Impoli	Peu préparé	OK	Bien informé	Exceptionnel
Rude	Unprepared	OK	Well-informed	Exceptional

~ PLANNING AN OUTING ~

What do you want to do?	Qu'est-ce que vous voulez faire?
Do you have plans?	Avez-vous des projets?
What are you doing _____?	Qu'est-ce que vous faites _____?
now	maintenant
today	aujourd'hui
this evening	ce soir
tomorrow	demain
next week	la semaine prochaine
Would you like to _____?	Est-ce que vous aimeriez _____?
go for a walk	faire une promenade
go to the zoo	aller au zoo
see a movie	voir un film
Do you want to come?	Est-ce que vous voulez venir?
Sure.	D'accord.
Yes, I would love to.	Oui, avec plaisir.
I can't today.	Je ne peux pas aujourd'hui.
Maybe some other time.	Peut-être une autre fois.
What about tomorrow?	Demain peut-être?
What time shall we meet?	À quelle heure on se retrouve?
Where shall we meet?	Où est-ce qu'on se retrouve?
Are you ready?	Vous êtes prêt(e)?
What time does _____ open?	À quelle heure ouvre _____?
What time does _____ close?	À quelle heure ferme _____?
the art gallery	le musée d'art
the nightclub	la boîte de nuit
the museum	le musée
What time does _____ start?	À quelle heure commence _____?
the concert	le concert
the game	le match
the play	la pièce
How much is it _____?	C'est combien _____?
for an adult	pour un adulte
for a child	pour un enfant

onze heures · douze heures · une heure · dix heures · deux heures · neuf heures · trois heures · huit heures · quatre heures · sept heures · six heures · cinq heures

~ TELLING TIME ~

It's one o'clock.
Il est une heure.

It's half past two.
Il est deux heures et demie.

It's quarter to three.
Il est trois heures moins
le quart.

It's quarter past four.
Il est quatre heures
et quart.

Tourisme
Sightseeing

Nom de l'attraction
Name of attraction

Endroit
Location

Date
Date

Site web
Website

Brochure
Brochure

Souvenir
Souvenir

Remarques
Comments

Évaluation de l'attraction
Rating the attraction

◇	◇	◇	◇	◇
Une perte de temps	Sans intérêt	OK	Intéressante	À me couper le souffle
A waste of time	Uninteresting	OK	Interesting	Breathtaking

Évaluation du guide touristique
Rating the tour guide

◇	◇	◇	◇	◇
Impoli	Peu préparé	OK	Bien informé	Exceptionnel
Rude	Unprepared	OK	Well-informed	Exceptional

~ ASKING DIRECTIONS ~

English	French
Excuse me.	Pardon.
Could you help me?	Pouvez-vous m'aider, s'il vous plaît?
Where is _____?	Où est _____?
I'm looking for _____.	Je cherche _____.
left	à gauche
right	à droite
there	là-bas
here	ici
straight ahead	tout droit
first left	la première à gauche
second right	la deuxième à droite
at the intersection	au carrefour
at the traffic light	aux feux
at the traffic circle	au rond-point
It's near.	C'est près d'ici.
It's far.	C'est loin.
one kilometer	un kilomètre
two kilometers	deux kilomètres
Take _____.	Prenez _____.
the bus	le bus
the train	le train
the subway	le métro
the taxi	le taxi

Nom de l'attraction _____
Name of attraction

Endroit _____
Location

Date _____
Date

Site web _____
Website

Brochure _____
Brochure

Souvenir _____
Souvenir

Remarques _____
Comments

_____

_____

Évaluation de l'attraction
Rating the attraction

◇	◇	◇	◇	◇
Une perte de temps	Sans intérêt	OK	Intéressante	À me couper le souffle
A waste of time	Uninteresting	OK	Interesting	Breathtaking

Évaluation du guide touristique
Rating the tour guide

◇	◇	◇	◇	◇
Impoli	Peu préparé	OK	Bien informé	Exceptionnel
Rude	Unprepared	OK	Well-informed	Exceptional

What exhibitions are showing?	Qu'est-ce qu'il y a comme expositions?
What exhibitions are new?	Quelles sont les nouvelles expositions?
What's in the collection?	Que contient la collection?
Do you have _____?	Avez-vous _____?
a guidebook	un guide
a program	un programme
Where is/are _____?	Où est/sont _____?
the coatroom	le vestiaire
the restrooms	les toilettes
the museum store	le magasin
the information desk	l'accueil
How much is this?	C'est combien?
Who is _____?	Qui est _____?
the artist	l'artiste
the sculptor	le sculpteur
the photographer	le photographe
I like (the works of) _____.	J'aime les œuvres _____.
impressionist art	des impressionistes
modern art	d'art moderne
classical art	d'art classique
Renaissance art	de la renaissance
Did you like _____?	_____ vous a plu?
the painting	Le tableau
the photograph	La photo
the sculpture	La sculpture

Tourisme
Sightseeing

Nom de l'attraction ──────────────
Name of attraction

Endroit ──────────────
Location

Date ──────────────
Date

Site web ──────────────
Website

Brochure ──────────────
Brochure

Souvenir ──────────────
Souvenir

Remarques ──────────────
Comments

──────────────

──────────────

Évaluation de l'attraction
Rating the attraction

◇	◇	◇	◇	◇
Une perte de temps	Sans intérêt	OK	Intéressante	À me couper le souffle
A waste of time	Uninteresting	OK	Interesting	Breathtaking

Évaluation du guide touristique
Rating the tour guide

◇	◇	◇	◇	◇
Impoli	Peu préparé	OK	Bien informé	Exceptionnel
Rude	Unprepared	OK	Well-informed	Exceptional

⌒ MUSIC ⌒

What music do you like?

I like _____.
I don't like _____.
  classical music
  electronic music
  jazz
  rock
  pop
  world music
  traditional music
  punk
  blues
  reggae
  R&B
  country
  opera
Where is _____?
  the concert hall
  the opera house
Where is there a nightclub?
Where is there live music?
Which orchestra is playing?
What band is playing?
What are they playing?
Who is _____?
  the conductor
  the soloist
  the lead singer
  the guitarist
  the drummer
Are they popular?
Do you like to _____?
  go to concerts
  listen to music

Quel genre de musique
aimez-vous?

J'aime _____.
Je n'aime pas _____.
  la musique classique
  la musique électronique
  le jazz
  le rock
  la musique pop
  la world musique
  la musique folklorique
  la musique punk
  le blues
  le reggae
  le R&B
  la musique country
  l'opéra
Où est _____?
  la salle de concert
  l'opéra
Où y a-t-il une boîte de nuit?
Où y a-t-il de la musique live?
Quel orchestre joue?
Quel groupe joue?
Qu'est-ce qu'ils jouent?
Qui est _____?
  le chef d'orchestre
  le soliste
  le chanteur principal
  le guitariste
  le batteur
Est-ce qu'ils sont connus?
Aimez-vous _____?
  aller à des concerts
  écouter de la musique

Divertissements
Entertainment

Nom de l'événement/du lieu _____
Name of event/place

Endroit _____
Location

Date _____
Date

Site web _____
Website

Brochure _____
Brochure

Remarques _____
Comments

_____

_____

Évaluation de l'événement/du lieu
Rating the event/place

◇	◇	◇	◇	◇
Très ennuyeux	Ennuyeux	OK	Amusant	Exaltant
Very boring	Dull	OK	Entertaining	Thrilling

Where is _____?	Où est _____?
Is there _____ near here?	Y a-t-il _____ près d'ici?
a movie theater	un cinéma
a theater	un théâtre
What's playing _____?	Qu'est-ce qui passe _____?
at the movie theater	au cinéma
at the theater	au théâtre
tonight	ce soir
Is the movie _____?	Est-ce que le film est _____?
dubbed	doublé
subtitled	sous-titré
in the original English	en V.O. anglaise
in French	en français
Who is _____?	Qui est _____?
the lead actor	l'acteur principal
the lead actress	l'actrice principale
the director	le metteur en scène
Are those seats taken?	Est-ce que ces places sont prises?
Did you like _____?	_____ vous a plu?
the movie	Le film
the play	La pièce
the musical	La comédie musicale
the show	Le spectacle
I liked it.	Ça m'a plu.
I didn't like it.	Ça ne m'a pas plu.
I thought it was _____.	J'ai trouvé ça _____.
excellent	excellent
OK	pas mal
boring	ennuyeux
slow	lent

Divertissements
Entertainment

Nom de l'événement/du lieu _____
Name of event/place

Endroit _____
Location

Date _____
Date

Site web _____
Website

Brochure _____
Brochure

Remarques _____
Comments

_____

_____

Évaluation de l'événement/du lieu
Rating the event/place

◇	◇	◇	◇	◇
Très ennuyeux	Ennuyeux	OK	Amusant	Exaltant
Very boring	Dull	OK	Entertaining	Thrilling

Do you like sports?	Aimez-vous le sport?
What sports do you play?	Quels sports faites-vous?
I play/do _____.	Je joue/fais _____.
soccer	au football
golf	au golf
cycling	du cyclisme
volleyball	au volley
swimming	de la natation
What sports do you follow?	Quels sports suivez-vous?
I follow _____.	Je suis _____.
basketball	le basket
tennis	le tennis
horse racing	les courses
Which team do you support?	Vous êtes supporter de quelle équipe?
Would you like to _____?	Est-ce que vous voulez _____?
go hiking	faire de la marche
go mountain biking	faire du VTT
go sailing	faire de la voile
go waterskiing	faire du ski nautique
go fishing	aller à la pêche
play soccer	jouer au football
play golf	jouer au golf
I would like lessons in _____.	Je voudrais prendre des cours de _____.
skiing	ski
snowboarding	snowboard
surfing	surf
Can I rent _____?	Est-ce que je peux louer _____?
some skis	des skis
a boat	un bateau
a beach umbrella	un parasol
Is there _____?	Est-ce qu'il y a _____?
a soccer game	un match de foot
a hockey game	un match de hockey
Who's playing?	Qui joue?
Who's winning?	Qui gagne?
What's the score?	Quel est le score?

Divertissements
Entertainment

Nom de l'événement/du lieu
Name of event/place

Endroit
Location

Date
Date

Site web
Website

Brochure
Brochure

Remarques
Comments

Évaluation de l'événement/du lieu
Rating the event/place

◇ | ◇ | ◇ | ◇ | ◇
Très ennuyeux | Ennuyeux | OK | Amusant | Exaltant
Very boring | Dull | OK | Entertaining | Thrilling

Did you like it?	Ça vous a plu?
I like it.	Ça me plaît.
It's _____.	C'est _____.
good	bien
bad	mauvais
OK	bien
better	meilleur
worse	pire
I thought it was _____.	J'ai trouvé ça _____.
entertaining	amusant
boring	ennuyeux
beautiful	beau
ugly	laid
modern	moderne
old-fashioned	démodé
It was really _____.	C'était vraiment _____.
strange	étrange
exciting	excitant
I agree.	Je suis d'accord.
I don't agree.	Je ne suis pas d'accord.
I don't know.	Je ne sais pas.
I don't care.	Ça m'est égal.

Divertissements
Entertainment

Nom de l'événement/du lieu _____
Name of event/place

Endroit _____
Location

Date _____
Date

Site web _____
Website

Brochure _____
Brochure

Remarques _____
Comments

_____

_____

Évaluation de l'événement/du lieu
Rating the event/place

◇	◇	◇	◇	◇
Très ennuyeux	Ennuyeux	OK	Amusant	Exaltant
Very boring	Dull	OK	Entertaining	Thrilling

~ SHOPPING AND SERVICES ~

shopping	les courses
store	le magasin
shopping center	le centre commercial
market	le marché
supermarket	le supermarché
department store	le grand magasin
clothing store	le magasin de vêtements
bookstore	la librairie
to buy	acheter
to sell	vendre
price	le prix
receipt	le reçu
refund	le remboursement
sale	les soldes
expensive	cher
cheap	bon marché
checkout	la caisse
bank	la banque
Internet café	le café Internet
bakery	la boulangerie
butcher	la boucherie
pharmacy	la pharmacie
jeweler	la bijouterie
liquor store	le magasin de vins et spiritueux
hairdresser	le coiffeur
barber	le coiffeur pour hommes

~ INQUIRIES ~

Where is the nearest _____?	Où est _____ le/la plus proche?
supermarket	le supermarché
pharmacy	la pharmacie
bakery	la boulangerie
bank	la banque
post office	la poste
hospital	l'hôpital
Where is there _____?	Où y a-t-il _____?
a good clothing store	un bon magasin de vêtements
a good butcher	une bonne boucherie
a good travel agency	une bonne agence de voyages
Where can I buy _____?	Où est-ce que je peux acheter _____?
batteries	des piles
souvenirs	des souvenirs
wine	du vin
What time do you _____?	À quelle heure _____?
open	ouvrez-vous
close	fermez-vous

Les courses
Shopping

Nom du magasin _____
Name of store

Type de magasin _____
Type of store

Date _____
Date

Articles et prix
Items and prices

○ _____
  _____

○ _____
  _____

○ _____
  _____

○ _____
  _____

○ _____
  _____

○ _____
  _____

Panneaux et étiquettes inconnus
Unfamiliar signs and labels

Can I help you?	Vous désirez?
I'm just looking.	Je regarde.
Excuse me, ma'am/sir.	Pardon, madame/monsieur.
Can you help me?	Pouvez-vous m'aider?
What is _____?	Qu'est-ce que c'est _____?
this	que ceci
that	que ça
What are _____?	Qu'est-ce que c'est _____?
these	que ceci
those	que ça
Can I look at _____?	Est-ce que je peux voir _____?
this	ceci
that	ça
Not that.	Pas ça.
Like that.	Comme ça.
Is that all?	C'est tout?
Anything else?	Ça sera tout?
That's enough.	Ça suffit.
How much/many do you want?	Combien en voulez-vous?
More, please.	Un peu plus, s'il vous plaît.
Less, please.	Un peu moins, s'il vous plaît.
That's fine.	C'est parfait.

Les courses
Shopping

Nom du magasin _____
Name of store

Type de magasin _____
Type of store

Date _____
Date

Articles et prix
Items and prices

Panneaux et étiquettes inconnus
Unfamiliar signs and labels

⌐ MAKING A PURCHASE ⌐

How much is _____?	Combien coûte _____?
this	ceci
that	cela
I would like to buy _____.	Je voudrais acheter _____.
a souvenir	un souvenir
some shoes	des chaussures
a watch	une montre
a shirt	une chemise
I would like _____.	J'en voudrais _____.
one like that	un comme ça
two of these	deux de ceux-ci
Do you have something _____?	Avez-vous quelque chose de _____?
better	mieux
less expensive	moins cher
different	différent
smaller	plus petit
larger	plus grand
Do you have it in _____?	Est-ce que vous l'avez en _____?
black	noir
white	blanc
blue	bleu
yellow	jaune
red	rouge
pink	rose
green	vert
gray	gris
brown	marron
How much is it?	C'est combien?
Could you write it down?	Pourriez-vous l'écrire, s'il vous plaît?
That's too expensive.	C'est trop cher.
Where do I pay?	Où est-ce que je paie?
Do you take _____?	Acceptez-vous _____?
credit cards	les cartes de crédit
traveler's checks	les chèques de voyage
American money	les devises américaines
Is there a guarantee?	C'est garanti?
Can I have _____?	Est-ce que je peux avoir _____?
a receipt	un reçu
a bag	un sac

STATING PRICES

French prices are usually written as [euros],[cents] €.
But 10,50€, for example, is ordinarily spoken as dix euros cinquante.

For a list of numbers, see page 10.

Les courses
Shopping

Nom du magasin _____
Name of store

Type de magasin _____
Type of store

Date _____
Date

Articles et prix
Items and prices

Panneaux et étiquettes inconnus
Unfamiliar signs and labels

⟡ AT THE BANK ⟡

Where is the nearest _____?
  bank
  ATM
  currency exchange
Where can I _____?
  cash a check
  change money
  withdraw money
I would like to cash _____.
  this check
  these traveler's checks
What's the exchange rate?
I would like to change _____.
  dollars into euros
  pounds into euros
Passport, please.
Sign here.
Here's _____.
  my ATM card
  my passport
I've lost _____.
  my ATM card
  my traveler's checks
  my wallet
  my passport

Où est _____ le/la plus proche?
  la banque
  le distributeur de billets
  le bureau de change
Où est-ce que je peux _____?
  encaisser un chèque
  changer de l'argent
  retirer de l'argent
Je voudrais encaisser _____.
  ce chèque
  ces chèques de voyage
Quel est le taux de change?
Je voudrais changer _____.
  dollars en euros
  livres en euros
Votre passeport, s'il vous plaît.
Signez ici.
Voilà _____.
  ma carte de retrait
  mon passeport
J'ai perdu _____.
  ma carte de retrait
  mes chèques de voyage
  mon portefeuille
  mon passeport

⟡ AT THE POST OFFICE ⟡

Where is the nearest _____?
  post office
  mailbox
I would like to send this _____.
  to the United States
  to Canada
  to England
  to Australia
  by airmail
  by special delivery
  by registered mail
I would like to buy _____.
  an aerogram
  an envelope
  some stamps

Où est _____ la plus proche?
  la poste
  la boîte aux lettres
Je voudrais envoyer ça _____.
  aux États-Unis
  au Canada
  en Angleterre
  en Australie
  par avion
  en exprès
  en recommandé
Je voudrais acheter _____.
  un aérogramme
  une enveloppe
  des timbres

Les courses

Shopping

Nom du magasin _____
Name of store

Type de magasin _____
Type of store

Date _____
Date

Articles et prix
Items and prices

○ _____

_____

○ _____

_____

○ _____

_____

○ _____

_____

○ _____

_____

○ _____

_____

Panneaux et étiquettes inconnus
Unfamiliar signs and labels

~ USING THE TELEPHONE ~

Where is the nearest public phone?	Où est la cabine téléphonique la plus proche?
I would like to buy a phone card.	Je voudrais acheter une télécarte.
I would like _____.	Je voudrais _____.
to call long distance	passer un appel longue distance
to call collect	passer un appel en PCV
to call the United States	appeler les États-Unis
to call Canada	appeler le Canada
to call this number	appeler ce numéro
The number is _____.	Le numéro est _____.
What's the _____?	Quel est _____?
area code for _____	le code pour la région de _____
country code for _____	le code pour _____
How much is _____?	Combien coûte _____?
a three-minute call	un appel de trois minutes
a five-minute call	un appel de cinq minutes
May I speak to _____?	Je voudrais parler à _____.
I don't speak French.	Je ne parle pas français.
Do you speak English?	Parlez-vous anglais?
Who's calling?	Qui est à l'appareil?
It's _____.	C'est _____ à l'appareil.
Sorry, wrong number.	Je regrette, vous avez fait un faux numéro.
I've been cut off.	J'ai été coupé(e).
The connection is bad.	La ligne est mauvaise.
Thank you, I'll call back.	Merci, je rappellerai.
Don't hang up.	Ne raccrochez pas.

~ USING THE INTERNET ~

Where is the nearest Internet café?	Où est le café Internet le plus proche?
I would like _____.	Je voudrais _____.
to check my e-mail	vérifier mes e-mails
to get Internet access	me connecter à Internet
to use a printer	me servir d'une imprimante
How much is it?	Ça coûte combien?
How much per hour?	Ça coûte combien par heure?
When do I pay?	Quand est-ce que je paie?
How do I _____?	Comment fait-on pour _____?
log on	se connecter
get online	se connecter à Internet
It's not working.	Ça ne marche pas.
I'm finished.	J'ai fini.
What's your _____?	Quelle est votre _____?
e-mail address	adresse e-mail
IM screen name	adresse IM
blog address	adresse de blog

Les courses
Shopping

Nom du magasin _____
Name of store

Type de magasin _____
Type of store

Date _____
Date

Articles et prix
Items and prices

○ _____
_____

○ _____
_____

○ _____
_____

○ _____
_____

○ _____
_____

○ _____
_____

Panneaux et étiquettes inconnus
Unfamiliar signs and labels

~ INTRODUCTIONS ~

Hello.	Salut.
My name is _____.	Je m'appelle _____.
What is your name?	Comment vous appelez-vous?
Pleased to meet you.	Enchanté(e).
How are you?	Comment allez-vous?
Fine, thanks.	Très bien, merci.
And you?	Et vous?
This is _____.	Voici/C'est _____.
my wife	ma femme
my husband	mon mari
my partner	mon/ma partenaire
my child	mon enfant
my friend	mon ami(e)
my colleague	mon/ma collègue
I'm here _____.	Je suis ici _____.
on vacation	en vacances
on business	pour affaires
for a conference	pour une conférence
to study	pour études
with my family	avec ma famille
with my partner	avec mon partenaire
with my (girl)friend	avec mon amie
with my (boy)friend	avec mon ami
with my friends	avec mes amis
on my own	tout seul
Do you live here?	Habitez-vous ici?
Where are you from?	D'où venez-vous?
I'm from _____.	Je viens _____.
the United States	des États-Unis
Canada	du Canada
England	d'Angleterre
Australia	d'Australie
I live _____.	J'habite _____.
in New York	(à) New York
in Toronto	(à) Toronto
near London	près de Londres
Are you from _____?	Venez-vous _____?
France	de France
Canada	du Canada
Quebec	du Québec
Switzerland	de Suisse
Paris	de Paris
How long will you be here?	Combien de temps restez-vous ici?
I'll be here for _____.	Je reste ici _____.
three days	trois jours
a week	une semaine
one month	un mois

Nouveaux amis
New friends

Il/Elle s'appelle _____.
His/Her name is

Il/Elle habite _____.
He/She lives in (city)

Il/Elle est _____.
He/She is (profession)

Il/Elle s'intéresse à _____.
He/She is interested in

Nous avons parlé de _____.
We talked about (topics)

Coordonnées _____
Contact information

_____

_____

Il/Elle s'appelle _____.
His/Her name is

Il/Elle habite _____.
He/She lives in (city)

Il/Elle est _____.
He/She is (profession)

Il/Elle s'intéresse à _____.
He/She is interested in

Nous avons parlé de _____.
We talked about (topics)

Coordonnées _____
Contact information

_____

~ OCCUPATIONS ~

What do you do?	Qu'est-ce que vous faites (dans la vie)?
What are you studying?	Qu'est-ce que vous étudiez?
I'm _____.	Je suis _____.
a student	étudiant
a writer	écrivain
a scientist	scientifique
a consultant	expert-conseil
an architect	architecte
a designer	designer
in education	dans l'éducation
in business	dans les affaires
I'm _____.	Je suis _____.
self-employed	à mon compte
unemployed	au chômage
taking time off	en congé
I'm studying _____.	J'étudie _____.
literature	la littérature
mathematics	les mathématiques
science	les sciences
art	l'art
humanities	les sciences humaines
psychology	la psychologie
I'm studying engineering.	Je fais des études d'ingénieur.

~ INTERESTS ~

What are you interested in?	Qu'est-ce qui vous intéresse?
I'm interested in _____.	Je m'intéresse _____.
politics	à la politique
technology	à la technologie
art	à l'art
music	à la musique
photography	à la photographie
reading	à la lecture
cooking	à la cuisine
hiking	à la randonnée
shopping	aux achats
sports	aux sports
What _____ do you like?	Qu'est-ce que vous aimez comme _____?
music	musique
movies	films
restaurants	restaurants
nightclubs	boîtes de nuit
writers	écrivains
cities	grandes villes
artists	artistes

Nouveaux amis
New friends

Il/Elle s'appelle _____.
His/Her name is

Il/Elle habite _____.
He/She lives in (city)

Il/Elle est _____.
He/She is (profession)

Il/Elle s'intéresse à _____.
He/She is interested in

Nous avons parlé de _____.
We talked about (topics)

Coordonnées _____
Contact information

_____

Il/Elle s'appelle _____.
His/Her name is

Il/Elle habite _____.
He/She lives in (city)

Il/Elle est _____.
He/She is (profession)

Il/Elle s'intéresse à _____.
He/She is interested in

Nous avons parlé de _____.
We talked about (topics)

Coordonnées _____
Contact information

_____

Nouveaux amis
New friends

Il/Elle s'appelle _____.
His/Her name is

Il/Elle habite _____.
He/She lives in (city)

Il/Elle est _____.
He/She is (profession)

Il/Elle s'intéresse à _____.
He/She is interested in

Nous avons parlé de _____.
We talked about (topics)

Coordonnées _____
Contact information

_____

Il/Elle s'appelle _____.
His/Her name is

Il/Elle habite _____.
He/She lives in (city)

Il/Elle est _____.
He/She is (profession)

Il/Elle s'intéresse à _____.
He/She is interested in

Nous avons parlé de _____.
We talked about (topics)

Coordonnées _____
Contact information

_____

Il/Elle s'appelle _____.
His/Her name is

Il/Elle habite _____.
He/She lives in (city)

Il/Elle est _____.
He/She is (profession)

Il/Elle s'intéresse à _____.
He/She is interested in

Nous avons parlé de _____.
We talked about (topics)

Coordonnées _____
Contact information

_____

Il/Elle s'appelle _____.
His/Her name is

Il/Elle habite _____.
He/She lives in (city)

Il/Elle est _____.
He/She is (profession)

Il/Elle s'intéresse à _____.
He/She is interested in

Nous avons parlé de _____.
We talked about (topics)

Coordonnées _____
Contact information

_____

Nouveaux amis
New friends

Il/Elle s'appelle _____.
His/Her name is

Il/Elle habite _____.
He/She lives in (city)

Il/Elle est _____.
He/She is (profession)

Il/Elle s'intéresse à _____.
He/She is interested in

Nous avons parlé de _____.
We talked about (topics)

Coordonnées _____
Contact information

_____

Il/Elle s'appelle _____.
His/Her name is

Il/Elle habite _____.
He/She lives in (city)

Il/Elle est _____.
He/She is (profession)

Il/Elle s'intéresse à _____.
He/She is interested in

Nous avons parlé de _____.
We talked about (topics)

Coordonnées _____
Contact information

_____

Il/Elle s'appelle _____.
His/Her name is

Il/Elle habite _____.
He/She lives in (city)

Il/Elle est _____.
He/She is (profession)

Il/Elle s'intéresse à _____.
He/She is interested in

Nous avons parlé de _____.
We talked about (topics)

Coordonnées _____
Contact information

_____

Il/Elle s'appelle _____.
His/Her name is

Il/Elle habite _____.
He/She lives in (city)

Il/Elle est _____.
He/She is (profession)

Il/Elle s'intéresse à _____.
He/She is interested in

Nous avons parlé de _____.
We talked about (topics)

Coordonnées _____
Contact information

_____

Rencontres linguistiques
Language encounters

Mot inconnu _____
Unfamiliar word

Ça veut dire _____ en anglais.
In English, this means

Endroit où je l'ai vu/entendu _____
Location where seen/heard

_____

❧

Mot inconnu _____
Unfamiliar word

Ça veut dire _____ en anglais.
In English, this means

Endroit où je l'ai vu/entendu _____
Location where seen/heard

_____

❧

Mot inconnu _____
Unfamiliar word

Ça veut dire _____ en anglais.
In English, this means

Endroit où je l'ai vu/entendu _____
Location where seen/heard

_____

Mot inconnu _____
Unfamiliar word

Ça veut dire _____ en anglais.
In English, this means

Endroit où je l'ai vu/entendu _____
Location where seen/heard

_____

Mot inconnu _____
Unfamiliar word

Ça veut dire _____ en anglais.
In English, this means

Endroit où je l'ai vu/entendu _____
Location where seen/heard

_____

Mot inconnu _____
Unfamiliar word

Ça veut dire _____ en anglais.
In English, this means

Endroit où je l'ai vu/entendu _____
Location where seen/heard

_____

Rencontres linguistiques
Language encounters

Mot inconnu ⎯⎯⎯⎯⎯⎯⎯⎯⎯⎯⎯⎯⎯⎯⎯⎯
Unfamiliar word

Ça veut dire ⎯⎯⎯⎯⎯⎯⎯⎯⎯⎯⎯ en anglais.
In English, this means

Endroit où je l'ai vu/entendu ⎯⎯⎯⎯⎯⎯⎯⎯
Location where seen/heard

⎯⎯⎯⎯⎯⎯⎯⎯⎯⎯⎯⎯⎯⎯⎯⎯⎯⎯⎯⎯⎯⎯⎯⎯

Mot inconnu ⎯⎯⎯⎯⎯⎯⎯⎯⎯⎯⎯⎯⎯⎯⎯⎯
Unfamiliar word

Ça veut dire ⎯⎯⎯⎯⎯⎯⎯⎯⎯⎯⎯ en anglais.
In English, this means

Endroit où je l'ai vu/entendu ⎯⎯⎯⎯⎯⎯⎯⎯
Location where seen/heard

⎯⎯⎯⎯⎯⎯⎯⎯⎯⎯⎯⎯⎯⎯⎯⎯⎯⎯⎯⎯⎯⎯⎯⎯

Mot inconnu ⎯⎯⎯⎯⎯⎯⎯⎯⎯⎯⎯⎯⎯⎯⎯⎯
Unfamiliar word

Ça veut dire ⎯⎯⎯⎯⎯⎯⎯⎯⎯⎯⎯ en anglais.
In English, this means

Endroit où je l'ai vu/entendu ⎯⎯⎯⎯⎯⎯⎯⎯
Location where seen/heard

⎯⎯⎯⎯⎯⎯⎯⎯⎯⎯⎯⎯⎯⎯⎯⎯⎯⎯⎯⎯⎯⎯⎯⎯

Mot inconnu _____
Unfamiliar word

Ça veut dire _____ en anglais.
In English, this means

Endroit où je l'ai vu/entendu _____
Location where seen/heard

_____

❧

Mot inconnu _____
Unfamiliar word

Ça veut dire _____ en anglais.
In English, this means

Endroit où je l'ai vu/entendu _____
Location where seen/heard

_____

❧

Mot inconnu _____
Unfamiliar word

Ça veut dire _____ en anglais.
In English, this means

Endroit où je l'ai vu/entendu _____
Location where seen/heard

_____

~ TIME AND DATE ~

day	le jour	Monday	lundi
date	la date	Tuesday	mardi
yesterday	hier	Wednesday	mercredi
today	aujourd'hui	Thursday	jeudi
tonight	ce soir	Friday	vendredi
tomorrow	demain	Saturday	samedi
morning	le matin	Sunday	dimanche
midday	le midi		
afternoon	l'après-midi	January	janvier
evening	la soirée	February	février
night	la nuit	March	mars
A.M.	du matin	April	avril
P.M.	de l'après-midi	May	mai
week	la semaine	June	juin
weekend	le week-end	July	juillet
month	le mois	August	août
year	l'année	September	septembre
		October	octobre
		November	novembre
		December	décembre

WRITING THE DATE

Today is [month] [number], [year].   C'est le [numéro] [mois] [année].
Today is January 1, 2012.   C'est le premier/1er janvier 2012.
Today is February 14, 2013.   C'est le quatorze/14 février 2013.

Use the ordinal number for 1 and the cardinal number for 2 to 31.

See page 10 for a list of cardinal numbers.

~ WEATHER ~

What's the weather today?   Quel temps fait-il aujourd'hui?
It's _____.   Il fait _____.
   cloudy   nuageux
   hot   chaud
   cold   froid
   stormy   orageux
It's _____.   Il y a _____.
   sunny   du soleil
   windy   du vent
It's snowing.   Il neige.

Journal

Jour et date
Day of the week and date

Temps
Weather

Manchette du journal
Major newspaper headline

Voyage
Travel

Repas
Meals

Tourisme
Sightseeing

Divertissements
Entertainment

Nouveaux amis
New friends

Nouveaux mots
New words

Hébergement
Accommodations

Journal

Jour et date _____
Day of the week and date

Temps _____
Weather

Manchette du journal _____
Major newspaper headline

Voyage _____
Travel

Repas _____
Meals

Tourisme _____

Sightseeing

_____

Divertissements _____
Entertainment

_____

Nouveaux amis _____
New friends

Nouveaux mots _____
New words

_____

Hébergement _____
Accommodations

Journal

Jour et date ———————————————————
Day of the week and date

Temps ———————————————————
Weather

Manchette du journal ———————————————
Major newspaper headline

Voyage ———————————————————
Travel

Repas ———————————————————
Meals

Tourisme ———————————————————
Sightseeing

———————————————————————

Divertissements ———————————————
Entertainment

———————————————————————

Nouveaux amis ———————————————
New friends

Nouveaux mots ———————————————
New words

———————————————————————

Hébergement ———————————————
Accommodations

Journal

Jour et date _____
Day of the week and date

Temps _____
Weather

Manchette du journal _____
Major newspaper headline

Voyage _____
Travel

Repas _____
Meals

Tourisme _____
Sightseeing

_____

Divertissements _____
Entertainment

_____

Nouveaux amis _____
New friends

Nouveaux mots _____
New words

_____

Hébergement _____
Accommodations

Journal

Jour et date ─────────────────────
Day of the week and date

Temps ──────────────────────
Weather

Manchette du journal ─────────────
Major newspaper headline

Voyage ─────────────────────
Travel

Repas ──────────────────────
Meals

Tourisme ────────────────────
Sightseeing

─────────────────────────────

Divertissements ───────────────
Entertainment

─────────────────────────────

Nouveaux amis ─────────────────
New friends

Nouveaux mots ─────────────────
New words

─────────────────────────────

Hébergement ───────────────────
Accommodations

Journal

Jour et date _____
Day of the week and date

Temps _____
Weather

Manchette du journal _____
Major newspaper headline

Voyage _____
Travel

Repas _____
Meals

Tourisme _____
Sightseeing

_____

Divertissements _____
Entertainment

_____

Nouveaux amis _____
New friends

Nouveaux mots _____
New words

_____

Hébergement _____
Accommodations

Journal

Jour et date
Day of the week and date

Temps
Weather

Manchette du journal
Major newspaper headline

Voyage
Travel

Repas
Meals

Tourisme
Sightseeing

Divertissements
Entertainment

Nouveaux amis
New friends

Nouveaux mots
New words

Hébergement
Accommodations

Journal

Jour et date ————————————————————
Day of the week and date

Temps ————————————————————————
Weather

Manchette du journal ————————————
Major newspaper headline

Voyage ————————————————————————
Travel

Repas ————————————————————————
Meals

Tourisme ————————————————————
Sightseeing

————————————————————————————————

Divertissements ——————————————
Entertainment

————————————————————————————————

Nouveaux amis ————————————————
New friends

Nouveaux mots ————————————————
New words

————————————————————————————————

Hébergement ————————————————
Accommodations

Journal

Jour et date _____
Day of the week and date

Temps _____
Weather

Manchette du journal _____
Major newspaper headline

Voyage _____
Travel

Repas _____
Meals

Tourisme _____
Sightseeing

_____

Divertissements _____
Entertainment

_____

Nouveaux amis _____
New friends

Nouveaux mots _____
New words

_____

Hébergement _____
Accommodations

Journal

Jour et date ─────────────────────
Day of the week and date

Temps ──────────────────────────
Weather

Manchette du journal ──────────────
Major newspaper headline

Voyage ─────────────────────────
Travel

Repas ──────────────────────────
Meals

Tourisme ───────────────────────
Sightseeing

───────────────────────────────

Divertissements ──────────────────
Entertainment

───────────────────────────────

Nouveaux amis ──────────────────
New friends

Nouveaux mots ──────────────────
New words

───────────────────────────────

Hébergement ────────────────────
Accommodations

Journal

Jour et date
Day of the week and date

Temps
Weather

Manchette du journal
Major newspaper headline

Voyage
Travel

Repas
Meals

Tourisme
Sightseeing

Divertissements
Entertainment

Nouveaux amis
New friends

Nouveaux mots
New words

Hébergement
Accommodations

Journal

Jour et date ————————————————————————
Day of the week and date

Temps ————————————————————————————
Weather

Manchette du journal ———————————————————
Major newspaper headline

Voyage ————————————————————————————
Travel

Repas —————————————————————————————
Meals

Tourisme ————————————————————————————
Sightseeing

————————————————————————————————

Divertissements ——————————————————————
Entertainment

————————————————————————————————

Nouveaux amis ———————————————————————
New friends

Nouveaux mots ———————————————————————
New words

————————————————————————————————

Hébergement ———————————————————————
Accommodations

Journal

Jour et date
Day of the week and date

Temps
Weather

Manchette du journal
Major newspaper headline

Voyage
Travel

Repas
Meals

Tourisme
Sightseeing

Divertissements
Entertainment

Nouveaux amis
New friends

Nouveaux mots
New words

Hébergement
Accommodations

Journal

Jour et date ———————————————————
Day of the week and date

Temps ————————————————————————
Weather

Manchette du journal ———————————————
Major newspaper headline

Voyage ————————————————————————
Travel

Repas —————————————————————————
Meals

Tourisme ————————————————————

————————————————————————————————

Divertissements ———————————————
Entertainment

————————————————————————————————

Nouveaux amis ————————————————
New friends

Nouveaux mots ————————————————
New words

————————————————————————————————

Hébergement ————————————————
Accommodations

Journal

Jour et date _____
Day of the week and date

Temps _____
Weather

Manchette du journal _____
Major newspaper headline

Voyage _____
Travel

Repas _____
Meals

Tourisme _____
Sightseeing

_____

Divertissements _____
Entertainment

_____

Nouveaux amis _____
New friends

Nouveaux mots _____
New words

_____

Hébergement _____
Accommodations

LILLE
LENS
VALENCIENNES
LE HAVRE   AMIENS   CHARLEVILLE-MÉ
CAEN   ROUEN   BEAUVAIS
SAINT-LÔ   CHÂLONS-SUR-MARN
EVREUX   PARIS   REIMS   ST
SAINT-BRIEUC   NANC
BREST   ALENÇON   CHARTRES
TROYES
RENNES   LE MANS   ORLÉANS   CHA
VANNES   LAVAL   AUXERRE
SAINT-NAZAIRE   ANGERS   BLOIS   DIJO
NANTES   TOURS
BOURGES   NEVERS
LA ROCHE-SUR-YON   CHÂTEAUROUX
POITIERS   MOULINS   LON
NIORT   MÂCON
LA ROCHELLE
CLERMONT-   LYC
LIMOGES   FERRAND
ANGOULÊME
SAINT ETIENNE   G
PÉRIGUEUX
AURILLAC LE PUY
BORDEAUX   VALE
CAHORS   MENDE
AGEN   RODEZ
MONT-DE-MARSAN   MONTAUBAN ALBI   NÎMES AVI
BAYONNE   TOULOUSE   MONTPELI
MAR
PAU
CARCASONNE
PERPIGNAN

Après
le retour

Souvenirs

Articles
Souvenir items

_____

_____

_____

Brochures
Brochures

_____

_____

_____

Billets
Tickets

_____

_____

_____

Photos
Photos

_____

_____

_____

Expériences mémorables
Memorable experiences

1. _____

2. _____

3. _____

4. _____

5. _____

6. _____

7. _____

8. _____

9. _____

10. _____

Si je retourne, je voudrais _____
If I return, I would like to

_____

_____.

Dépenses
Expenses

Date Date	Transport Transportation	Hébergement Accommodations	Repas Meals	Casse-croûtes Snacks
Total Total				

Tourisme Sightseeing	Divertissements Entertainment	Souvenirs Souvenirs	Pourboires Tips	Total Total

Calendrier du tour

lundi (lu) Monday	mardi (ma) Tuesday	mercredi (me) Wednesday	jeudi (je) Thursday

vendredi (ve) Friday	samedi (sa) Saturday	dimanche (di) Sunday

Index